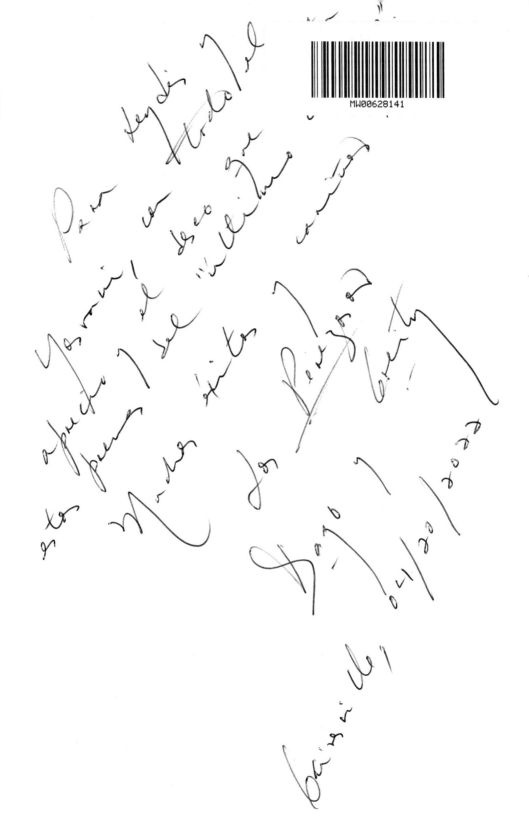

MW00628141

VOLVER AL AGUA

POESÍA COMPLETA

(Trece poemigas inéditos añadidos)

Volver al agua (Poesía completa)

"Trece poemigas inéditos añadidos"

Quinta edición

© Luis Eduardo Aute, 2014

© Sobre esta edición: La Pereza Ediciones, Corp

Editor: Greity González Rivera

Diseño de cubierta: Alejandro F. Romero

Reservados todos los derechos. Ninguna parte de este libro puede ser reproducida, almacenada en sistemas de recuperación o transmitida de ninguna forma, ya sea electrónica, mecánica, por fotocopia, grabación, o de otra manera, excepto que sean expresamente permitido por los estatutos de derechos de autor aplicables, o escrito por el autor.

Impreso en Estados Unidos de América

ISBN-13: 978-0692217306 (La Pereza Ediciones)

ISBN-10: 0692217304

www.laperezaediciones.com

10909 sw 134 ct

Miami, Fl, 33186

USA

LUIS EDUARDO AUTE

VOLVER AL AGUA

POESÍA COMPLETA

(Trece poemigas inéditos añadidos)

La Pereza Ediciones

PRÓLOGO DEL AUTOR

Volver al agua, que recoge mi poesía completa hasta la fecha (*La matemática del espejo*, *La liturgia del desorden* y *Templo de carne*) alcanza ya su quinta edición aparte de las anteriores publicadas en *Demófilo*, *El Guadalhorce*, *Hiperión* y *Contrapunto*.

El editor me pide que escriba algún comentario al respecto. Poco puedo decir, salvo celebrar tal "éxito editorial". Una quinta edición de un libro de poemas, en estos tiempos tan a-poéticos, es, efectivamente, un hecho que merece celebrarse. Sobre todo, porque nunca pensé que esta pequeña colección de poemas escritos a lo largo de muchos años, mereciera la curiosidad de tantos lectores. Sé que gran parte de ellos son público prestado de mis canciones, esa es la verdad, y qué se le va a hacer. Pero, aún así, debo reconocer que me alegra mucho saber que estos poemas escritos en tiempos y situaciones muy diversas siguen agotando ediciones. Eso debe significar que, al menos, van aguantando el paso y el peso del tiempo, que no es poco.

Luis Eduardo Aute

VOLVER AL AGUA

Y después
de los fuegos ahogados
por las matemáticas del espejo,
las liturgias del desorden
y otros templos
de mundos, demonios y carne,
cuando ya el crepúsculo
es oro que baña los restos heróicos
de naufragios por venir
y la noche de hielo se presiente próxima,
me apresura la inaplazable sed
de volver al agua,
al origen mismo donde se fraguara
el hierro de la vida,
con la irreductible intención de revivir
desde las húmedas pavesas de lo vivido,
tiernos incendios de olas
en tus sueños,
y en los míos,
feroces océanos de luz
entre humos de espumas olvidadas,
con el soplo apenas
de mi latido
más ávido de ti.

Pero antes,
tendré que quemar con lágrimas
todas las fotografías.

Madrid, verano de 2006

LA MATEMÁTICA DEL ESPEJO

(1970-75)

Prólogo de
José Manuel Caballero Bonald

Cada vez que me encuentro con Luis Eduardo Aute (incluso aunque sea de noche) suele hablarme con metódico fervor de sus dudas. A mí me parece que esa actitud ha ido acrecentando gradualmente mi credulidad en su obra, quizá porque pienso que pocos argumentos pueden ser más válidos y estimulantes para un artista que los tramitados por su incertidumbre. El artista que está seguro de todo lo que busca (o de todo lo que encuentra) ya se ha ganado —por lo pronto- una meritoria beatitud en el limbo de los mediocres. Como seguramente nadie ignora, la seguridad no es más que una estática variante de la burocracia; la dubitación, en cambio, propicia el dinamismo de los que nunca renunciarán a la testaruda libertad de equivocarse. Aute pertenece, afortunadamente, a los defensores de esa creadora y fecunda forma de libertad.

En algo así pensaba mientras releía estos poemas de Luis Eduardo Aute. Y pensaba también en ese peculiar sistema de referencias que enlaza de algún modo los distintos procedimientos expresivos de que se vale habitualmente Aute, no sé muy bien si para distanciarse de sus privadas obsesiones o para aproximarse críticamente a los demás. Hay algo, en efecto, que se puede transferir con indistinta validez artística de la poesía a la música de Aute y aun de su pintura a sus incursiones en las fronteras del cine. No se trata, naturalmente, de ninguna

11

condicionada táctica previa, sino de un lógico y natural trasvase de intenciones. Lo cual equivale a bastante más que a un mero síntoma.

La poesía de Aute recogida en este volumen pertenece, cronológicamente, a los últimos cinco años. No todas, pero sí algunas de sus más genuinas constantes se han ido depurando a medida que el poeta ha concretado con mayor rigor sus ambiciones comunicativas. Con un engranaje verbal que no oculta algún débito al surrealismo y que se inclina a veces, como un deliberado contraste dialéctico, hacia formas coloquiales, Aute ha pasado casi sin transición del cultivo de una lírica de cuño intimista al de una épica de extrovertidas argucias, entre cuyos tentáculos forcejean algunos de los más abruptos y tipificados signos de una sociedad atrofiada por su propia estulticia o su propia vileza.

No me atrevería a afirmar (o sólo lo haría en parte) que esta poesía ha sido escrita para ser cantada. Sospecho, en cualquier caso, que si Aute le puso música y la cantó fue porque de hecho existía una recóndita correspondencia imaginativa entre sus propósitos como compositor y como poeta. Tampoco sería difícil hallar en su pintura algún rastro intercambiable en este sentido, localizado sobre todo en esas fórmulas exacerbadamente figurativas que penetran de pronto en unas zonas deformadas por alguna corrosiva acción externa. Lo mismo puede acontecer en estos poemas, o en sus dispositivos musicales, donde parecen convivir sin mayores trabas la realidad más virulenta con una implacable visión fiscalizadora que ha conducido al delicado y perverso desguace de esa realidad. Como en el sueño de la razón, también aquí se han producido monstruos, incluso monstruos sagrados dispuestos a conceder la palma del martirio a cantautores y autoridades.

Uno de los más visibles rasgos distintivos de la última poesía de Aute es, sin duda, el de la sátira, una sátira no sólo promovida por la sintaxis o por ciertos mecanismos de dicción, sino por el sutil tratamiento de unos temas que se complementan eficazmente en la escritura literaria y en la musical. Aute se ha ido convirtiendo así, cada vez con más apremiante agudeza, en un intrépido crítico de la vida. A partir de *Rito*, sobre todo, esa crítica ocupa excluyentemente todo el espacio documental en que pugna y se despliega la obra poética de Aute. No se trata en términos precisos, de una postura de rígida filiación ideológica, sino más bien, de un legítimo —y arriesgado— modo de responder a determinadas contradicciones sociales. Espectador y protagonista a la vez, Aute elige siempre una totalidad entre elegíaca e irónica (como lo hace en su pintura) para levantar jugosas actas de esos tenaces enfrentamientos con la sociedad en que vive. Pero en ningún caso se ciñe el poeta a un repertorio argumental monocorde. Desde los emblemas del erotismo a los de la muerte y desde la más grosera mitología contemporánea al saludable ejercicio del autosarcasmo, Aute ha transcrito con denodada reiteración —y con similar patetismo— algunas arquetípicas historias personales de esa delirante aventura que, para entendernos, llamamos colectivamente historia.

Parece innegable que las últimas propuestas artísticas de Aute se han orientado hacia una más desnuda y directa tramitación de recursos expresivos. El poeta ha renunciado en alguna medida a sus usuales adornos retóricos. Y para ello ha empezado por asimilar no pocas memorias populares, pensando acaso que los efectos satíricos debían producirse sin ninguna otra intervención culturalista. Magnífica idea. Aute ha logrado cerrar así, sin menoscabo alguno de su precedente "obra abierta", ese círculo donde la música y la poesía recuperan su más antigua y vivificante solidaridad. El discurso sentencioso, hermético por momentos, se ha convertido repentinamente en habla cotidiana; la sátira se ha entremezclado de humor; la despiadada penumbra, de fulgurantes desenfados. Para una mayor eficacia comunicativa, el autor debió recurrir en este caso a una regla de oro: la poesía que no es divertida es oratoria. Lo más probable, sin embargo, o lo más dudoso, es que Aute no cante nunca estos poemas en la plaza pública. Pero la plaza pública llegará un día a cantar estos poemas. De lo que sí puede estar seguro Aute es que eso ocurrirá cuando ya no estén aquí los fantasmas.

J. M. Caballero Bonald

Envejecer, morir,
es el único argumento de la obra.
Jaime Gil de Biedma

Crier la mort, c'est crier la vie.
Pintada anónima. Nanterre. Mayo del 68

I only believe in sex and death
Woody Allen

UNA LADILLA

Una ladilla
tengo en el alma dice
y salvaje se rasca con palabras
seleccionadas con minuciosidad
deleite único
paragenital
soy poeta dice
soy poeta insiste
mago onírico fantástico frío
creador
hijo bastardo de *cahiers* y marilyn
prosigue
The Wild Bunch
bubble-gum de cada verso mío
je raisonnais en fonction d' attitudes
purement
cinématographiques jean-luc
godard verdad veinticuatro
imágenes por segundo
aquellos días de lluvia
con bárbara steele en el mac-mahon
la espuma de la memoria
desciende íntima y descorazonadora
telas incandescentes de araña
copulan estrelladas a años luz
de tinieblas nieblas soupe
à l' oignon l' oignon y ahora
la segunda cadena destroza un mann

man of the west plano
americano de gary cooper contraplano
fundador es cosa de ovnis
enciendo el último rex que me queda
con un gusano de malestar
o ladilla
estúpida y masoquista
que me devuelve una bárbara enlatada
enlutada
polvorienta por primera
vez en españa un coño
en pantalla grande helga
soy poeta dice
soy poeta insiste
aunque ser poeta

A EDVARD MUNCH

Como un necio espectador de sí mismo
quiere gritar *esta boca*
no
es mía

TÍMIDOS SUICIDAS EN AYUNAS

Each day in hubcap mirror
In soup reflection
In other people's spectacles
I check my hair
-Leonard Cohen-

Blando
poroso razonamiento ante el espejo
del mal aliento y los grifos
confesionales afiladas justificaciones
como la hoja de afeitar
suele brotar la sangre
poca
suficiente
tímidos suicidios en ayunas

OLVIDÉ GUARDAR LA CERILLA

Olvidé guardar la cerilla
almizclera cabeza quemada en peligro
la fauna española en su caja ataúd
insectívoro casi exclusivo
su hociquito trompudo y una ligera desgana
cuadrada

EFEMÉRIDES

Ta-ta-ta-ta-ta...
-Jasón Robards en *Fools-*

Nicho dilatado
llamado
mundo

TENDER IS THE NIGHT

Dormidas las bombillas
todas menos una
llamo cobardía a esta manera
de acudir insomne -sometido
bajo la cómoda protección de la noche-
a las palabras en el papel
expiatorio

UN SARCÓFAGO LLENO DE MUÑONES

Un sarcófago lleno de muñones
levita sudando sangre
por los rincones del bidet
no hay agua caliente y en la bañera
no caben más gillettes
jayne mansfield sonríe así de grande
y marat
resiste ante el tubo irrigador
no era previsible a estas alturas
de la noche cuando la noche
desciende como un sudario cultural
me duele la cabeza a guerra civil
y no me alivian ese par de aspirinas
bayer
que me ofreces con tan buena voluntad

CON PACIENCIA Y CON SALIVA

Con paciencia y con saliva
se tiró un elefante a una hormiga
muerta
la más triste historia de amor...
¿o no?

CIRCUNSTANCIAS PARA LA CELDA

Se dan las circunstancias
propicias
para la fermentación
a saber
esa indispensable humedad de la celda
y una cierta parálisis
que no se parece al reposo
fibras verdigrises del moho
flores de la descomposición en las ingles

y sueños

EN UN BOLSILLO LLEVA UNA MANO

En un bolsillo lleva una mano
cerrada
entre los dedos un vidrio roto
que aprieta por pura gimnasia
cada vez que respira

EL ACUARIO

La líquida jaula estaba apagada
pero
el ruido
en la oscuridad de los peces
se hizo cálido
más tranquilo
como el sopor de las noches de vino

me latía solamente el cinturón
y la nuca

MODO DE EMPLEO

COUGH PIECE
Keep coughing a year
-Yoko Ono-

Encienda
una cerilla con los dientes
fúmese la lengua
y no se trague el humo

EL DOLOR CUMPLIDO

Y al fin
el más inhóspito de los habitantes
te morará como un feto maduro
y se consumará
el lógico parto último
sin la más mínima mutilación umbilical

después el ritual de abrocharte
a modo de cicatriz o medalla al valor
con la serenidad fatua del dolor cumplido

dejarás de convivirte

CRECEN LOS INSECTOS

Crecen los insectos
y destilan un mal sudor de impotencia
como una pierna dormida o nicotina
detrás de los dientes
el hueso carcomido en cada humo
extra-filtro de evasión
va siendo hora de tomarse cada uno
su propia temperatura para sacudir el polvo
rutinario
de la convalecencia
los insectos sanguíneos
sanguinarios
engordan como cánceres programados
a propósito
tengo hambre
iremos a cenar luego al cine
cualquier cine cualquier película
el motor se cala
estará frío
no corras papá
te esperamos
los insectos
como ciervos
cruzan los pasos de cebra
los neumáticos podridos

dan
quinientas pesetas por la chatarra

TE FALTAN BOTONES EN LA CAMISA

In the room that knows your death
A closet freezes like a postage stamp
A coat, a dress is hanging there.
-Richard Brautigan-

Te faltan botones en la Camisa

cósete los ojales

UNA VEZ MÁS

Una vez más hasta cuando
acaso un día entero como siempre
la taquicardia el miedo
calmantes
este fuego
helado en la cúpula del estómago
este vómito
quieto
en constante acumulación
a veces devorado por el dolor
de otra angustia aún
más hambrienta
hasta cuando mañana también y pasado
mañana y ayer y hoy de nuevo
quiste cada vez más enraizado
honda escocedura de estertores
donde el clavo ardiente de un latido
entero
cumplido
resuelto
es urgente como el suicidio

LA PINTURA DE ANTONIO SAURA

Se piden paso en este incómodo proceso
de maquillajes sin orden
febriles caretas retratos
imaginarios
a golpes de ceniza creciendo
como arrugas carnívoras
confundidas
y amontonan una misma mueca
un mismo monstruo
que aprieta los huesos
para sujetarse las vísceras
en un esfuerzo estéril
de ocultar la careta más grotesca
hecha detrito

CÁLCULO

Sólo dos palabras
y sobran cuatro
cinco
seis

nueve

MEDIA TARDE

A cierta equidistancia brota
esa fiebre sistemática
flor de huesos sonoros
quieta e inmune a cualquier estímulo
lágrima seca
no existe antibiótico ni milagro

mal de media tarde

SEPTIEMBRE

Septiembre
qué absurdo nombre para morir
como árbol
y amante
y zapato
y ventana
y hermano
y cama
y mar

vivo
qué terrible nombre para morir

EL ASCENSOR

El ascensor
se detuvo entre dos pisos
no supimos por qué tras gritar
golpeamos las paredes y puertas
nadie vino
pasaron las horas y sudabas
como yo (el oxígeno se agotaba
segundo a segundo) desnudos ya
desnudos y el sudor
sudor asfixiado en el abrazo
histérico
TE OLÍA A LIMONES SALVAJES
FRESCOS MISTERIOSOS EXÓTICOS EXCITANTES
EN ELLOS ESTÁ ENCERRADO TODO EL PERFUME
DE LA AVENTURA
LA AVENTURA DE LOS LIMONES SALVAJES DEL CARIBE
LA AVENTURA DE FA

SE HAN HALLADO EN UN ASCENSOR
LOS CADÁVERES DESNUDOS DE UN HOMBRE
DE CUARENTA Y DOS AÑOS Y UNA MUJER
JOVEN INDOCUMENTADA EN ACTITUD
POCO DECOROSA

EL FORENSE UNA VEZ PRACTICADA
LA AUTOPSIA

LA POLICIA

PROSIGUE

INVESTIGACIÓN

O BIEN SIN EL MENOR ESCRÚPULO

O bien sin el menor escrúpulo
(a pesar de aquellas historias de sapos y princesas)
romper el encanto del beso
a propósito de cadáveres

con sapos

DESPUÉS DE LAS RUPTURAS

Después de las rupturas
iniciada la tibia mansedumbre que sobrevive
brasas primeras del atardecer premonitorio
en el hervor de las memorias
ahora en horas de escasos segundos
empiezan las piedras a ser mortales
y el viento como insultos cansados
debilita el paisaje

después de las rupturas
exánimes se rompen ellas mismas
una a una

RESIDUOS

Residuo de amputaciones
poso agónico
dolorido
conformado en cabeza
tronco
extremidades
miedo
traje y muerto
sombra gratuita proyectada apenas
sobre el silencio de un tiempo
hermético
deformante

he aquí el residuo de algo
que quiso respirar como un perro
como un árbol y no pudo
he aquí el residuo del fruto
de alguna victoria chapuza
gesticulante e imbécil con carnet
de identidad caducado
cartilla militar
hasta la última gota de sangría
y unos zapatos

he aquí el residuo
de una pregunta constante enmudecida
por el tópico y el sudor
frío

cansado
demasiados intentos vanos de resolverse

he aquí el residuo
de quien sólo hubiese querido
no ser muerto de nadie

he aquí el residuo de ese muerto

LAS MEJILLAS SILENCIOSAS COMO VELAS

Las mejillas silenciosas como velas
y humo el resto del cuerpo

son los nuevos síntomas de una evidencia:
la del fracaso sin adjetivos
por ejemplo

DE UN TIEMPO A ESTA PARTE

De un tiempo a esta parte
se vigila los pies sin disimulo
convencido de su incierta trayectoria
y alguna vez se los quita
ante el estupor de los transeúntes
no sin antes haberse disculpado

en otros momentos en su dormitorio
cuando la soledad es más intensa
les da un giro de ciento ochenta grados
y se pone a rezar un padrenuestro
a los pies de su cama

PROHÍBE EL DUDOSO PUDOR

Prohíbe el dudoso pudor
motivos de confesión o temor a las moscas
y no deja de urdir pretextos
fábulas frías
datos apenas
atemperatura
brillantes telarañas de oropel a doble vuelta

EL TERROR QUE PRODUCEN LAS UÑAS

El terror que producen las uñas
cuando se clavan en el aire
algo así como la pupila ametrallada
por la primera luz después del sueño
como las palabras en su doble trampa
de muro y espejo
como la heroica decisión
de seguir esperando no se sabe qué

cierto que la estupidez
(que posee una peligrosa capacidad
para tomarse a sí misma en serio)
dulcemente asesina

LA MATEMÁTICA DEL ESPEJO

Sería falso evitar la inexplicable astilla
el aguijón venoso que provoca la palabra
fuera de cita
el derrame involuntario y purificador
demasiado tiempo retenido
por la matemática del espejo
y la vergüenza que siempre empaña
ese instante apenas de transparencia

RAZÓN

En el caso en el último caso
la locura
me impediría intentarlo

COMO LA MUERTE

Como la muerte
la única diferencia
es este tremendo esfuerzo
este tremendo esfuerzo por respirar

SI PUDIERA AL MENOS

Si pudiera al menos
no ya prescindir de la memoria (enfermiza
y parásita memoria) sino del deseo
de no recordar

olvidar la voluntad de olvidar

LA PIEL DELIBERADA

La piel deliberada
insinúa una prematura indiferencia
árida inercia de abrazos huecos
disecados en toallas de tristeza

pero insiste quién sabe
por qué insiste en consumarse

VIDA DE FAMILIA

Escucha el geométrico ruido
de las losas de las flores
que no olvidan
es un ruido familiar como el de los platos
en el fregadero
como el de esta máquina de escribir

TODO VA BIEN

Par la faute d'un corps sourd
Par la faute d'un corps mort
D'un corps injust et dément.
-Paul Eluard-

El involuntario agujero que cavas
para mí a mi medida y súplica
pues tan culpable soy como ese cuerpo tuyo
que me acuna con espejos

rotos

PÁLIDAS CAMPANADAS DE MEDIODÍA

Qu' est-ce que
je peux faire…?
Je ne sais pas quoi faire…
-Anna Karina en *Pierrot le Fou-*

Pálidas campanadas de mediodía
desde el balcón el parque
durmiendo la hojarasca y un fragmento
de horizonte que se escapa entre ladrillos
los niños
salen del colegio *legalmente reconocido*
sábanas matrimoniales
hinchadas
el color de un coche y la farmacia
cerrada por defunción

EL BOLÍGRAFO

El bolígrafo
va llenando de espirales el papel
solenoides paranoicos una y otra
y otra vez
algo más abajo escribo:
el bolígrafo
va llenando de espirales el papel
solenoides paranoicos una y otra
y otra vez
algo más abajo

dejo de escribir

POEMA ÚLTIMO

Cómo no caer
en el polvo más frágil
al cabo de los hechos
y complicidades
sin asirse a la caída
como única razón

LITURGIA DEL DESORDEN

(1976-78)

Prólogo de
Antonio Martínez Sarrión

Un poeta-guardiana por escondido, un intimista, un re-flexivo: en la trayectoria de Luis Eduardo Aute no hay solución de continuidad entre el cantautor y el poeta: idéntica exigencia en los textos, jamás sacrificada a las imposiciones, que me figuro poderosas, de las casa gra-badoras. Fidelidad a sí mismo, plasmada en una obra que posee todos los visos de la perdurabilidad, cuando algunos figurones demagógicos de relumbrón reposen en el panteón del olvido. Y es así porque frente a la tan ca-careada urgencia, él sabe que la poesía es esa iluminación en el tiempo que tiene el don de traspasarlo, aunque sea sólo un instante. Y que ese desgarrón de las tinieblas li-neales funciona siempre olvidándose del efecto inmedia-to, por muy moral que lo pongamos.

A mí lo que más me gusta de la escritura de Aute y de este libro en particular, segundo de los suyos, es ese tono conversacional, esa crónica relajada de los días buenos y malos, esa domesticidad no exenta de sobresaltos, esa ironía sabia, esa represada ternura.

Aute es un pudoroso de la raza de los "solitarios solida-rios" que quería Camus, autor nada de moda y por eso mismo valioso, que saldrá más adelante a este escenario.

A través de esa mirada atentísima, de ese calor tem-plado en la sonrisa que cierra el paso a cualquier grandi-locuencia, Aute, al contrario de tanta flor de un día, ha sorteado con éxito los terribles escollos, las resacas mortales que en los malhadados setenta han arrasado y arrasarán. Cuando en el territorio poético joven, en lo que a mí se me alcanza, "todo son ruinas / todo son despojos" parafraseando a Quevedo, he aquí un autor que nada tiene que ver, por fortuna, con la aburrida salmodia al uso, que salta de los falsos alejandrinismos que abandonaron hace mucho (e inteligentemente) sus cultivadores en buena hora, a los neojeremías incapaces de mirar más allá de un ombligo dudosamente interesante o a los imitadores de estériles "ukases" emitidos por los mandarines franceses de turno.

Hondura que evita por todos los medios el patetismo, gracia y juego que no ocultan la acechante, más o menos aterradora presencia de la Gran Dama. Cierta alacridad que yo agradezco. He aquí el secreto. Como el de una buena comida que no necesita de ingredientes exóticos. En el horizonte más bien esperanzado de estos años, telón de fondo que trasparece con delicadeza sabia en la liturgia del desorden, no podía faltar el tema de las ilusiones perdidas de una generación, la de Aute, la mía, que vivió el hervor de los sesenta, todo lo condicionados que se quiera por el cerrojo fascista, y precisamente a causa de él, doblemente esperanzadores. Hoy, cuando de aquella revulsión no quedan sino mafias inmisericordes que atiborran de drogas duras, que en connivencia con multinacionales, estados y policías, capitalizan criminalmente los últimos fogonazos agónicos de lo que un día tuvo sentido, es estimulante como los alfilerazos de una ducha helada que algunos hayan conservado serenidad suficiente para proponernos, entre una sonrisa lúcida, el no rotundo a la derrota y a la muerte autocomplacientes y cómplices del Mal, el sentido lúdico de la existencia que conoce los riesgos de un yo hipertrofiado, cierta gallardía que señala y recrea momentos de desmayo, para saberlos remontar.

Para volver a Camus, que sé autor querido de Aute, y que, pasado el tópico purgatorio, volverá (vuelve a confrontarnos cualquier mañana ventosa y clara, repetiremos con él aquello tan hermoso: "Hay que imaginarse a Sísifo feliz" y escupiremos en la cara a los instalados, a los burócratas, a los pétreos de corazón, a los cínicos de todos los colores y signos. Porque, volatilizados los grandes mitos religiosos e históricos, agotado tanto militarismo sacrifical, nos queda aún el canto, en sordina si se quiere, susurrado de oído a oído, casi clandestino en su retirada pureza, mas enlazador, abarcador profundo de todos los que han dicho y dirán, sin grandes aspavientos, con inmensa fuerza: NO, reavivando a soplos, muchas veces engañosamente imperceptibles para los oportunistas de toda hora, las tibias brasas del corazón, único puerto seguro, que la historia con mayúscula tiende a apagar con ciega orina.

Antonio Martínez Sarrión

Qué vida singular
Y qué espíritu, devotamente descuidado.

En lo divino creen
Únicamente aquellos que los son.
                                    Hölderlin

A mi padre

L' intelligence est le sperme de l' esprit
-Joseph Delteil-

Fallecidos el 12 de abril de 1978

LA IMPRESCINDIBLE GRATUIDAD DEL PERFUME

Esa espantosa necesidad
de incorporar el perfume al cadáver atroz
que engendra la necesidad de construir
esta esencia de palabras
de agrio vómito,
residuo que perdió la batalla por el aroma
del aire que ahora, de esta guisa,
lo conforma y escritura,
se desnuda e insiste,
otra vez, en no reconocerse como innecesario.

FUEGO FATUO

Tiene razón ese campesino rumano que no cree en nada, que piensa que el hombre está perdido, aplastado por la historia, que no hay nada que hacer.

-Emil Cioran-

Una invasión de soles
toma posiciones irreversibles:
la pupila se acomoda a las torturas,
a los espectros opacos que ocultan,
bajo su luz ordenada y sin sombras,
la nueva masacre,
el nuevo alimento para los focos
cegadores
que encienden en nombre de la Historia.

S. O. S.

Ponte a temblar
Universo,
y teme a la razón del hombre
su ejercicio
dedujo tu Razón de Ser.

HOLOCAUSTO

NO ES EN VANO EL SACRIFICIO,
LA INQUEBRANTABLE FE EN UN IDEAL LO JUSTIFICA;
ASÍ COMO LA DIGNIDAD PATRIA
Y LA VOCACIÓN DE SERVICIO
A LOS VALORES INMORTALES DEL HOMBRE:
FE EN UN IDEAL,
DIGNIDAD PATRIA
Y VOCACIÓN DE SERVICIO A LOS VALORES INMORTA-
LES
DEL HOMBRE: FE EN UN IDEAL
DIGNIDAD PATRLA
Y VOCACIÓN DE SERVICIO A LOS VALORES INMORTA-
LES
DEL VENCEDOR,
CON ESPÍRITU DE SACRIFICIO

PRESENTIMIENTO CONTRA LAS LUCES

Mañana vi las luces programadas
sacando punta a las esferas.
tardé, de nuevo encinta,
algunos partos de pupilas invisibles,
culpables de Horizonte.
Ante todo, nada me detuvo.
Los crímenes velaban mi riñón de cálculos
y, como un sabio remanso de tinieblas,
rasqué las luces del dogma contra las pizarras.
No cesaron, los mediocres obedientes,
de chillar sambenitos y etiquetas
amén de otros muchos eslógans
en muy lindos pareados.

OTROS NUDOS SIN PRINCIPIO NI DESENLACE

Ataduras bien atadas
se me hacen las canas,
democracias de deterjabón las nalgas
gaseosa las vértebras,
piedra pómez los labios,
comunistas las axilas,
sardinas las lágrimas
desde hace algún tiempo.

ARTE Y CULTURA

En el sentido más profundo, todo artista
es un neurótico, si llamamos neurosis a
un desajuste con la realidad.
               -Ernesto Sábato-

Versiones varias y sociales
hay sobre el artista dos puntos
trabajador de la cultura con minúscula,
intérprete de los anhelos de la clase obrera
sensibilizador de masas,
profesional del arte con minúscula,
etcétera.
Y yo que creía que no había artistas...
supe de inútiles locos,
solitarios,
enfermos,
magos,
suicidas
creadores de Belleza con Mayúscula
y otras subversiones.

LITURGIA DEL DESORDEN

También producen monstruos:
la fuerza que la razón esgrime,
la matemática del espejo,
dos y dos son cuatro,
los puntos de referencia,
mañana,
las reglas que ejecutan el juego
y el credo anatematizador que proscribe
lo inconmensurable:
Yo,
la esfera,
amor o el fuego que se comparte,
la Música,
la liturgia del desorden
y -entre otras magias-
la belleza del Azar en accidente
como por ejemplo:
morir.

ELEGÍA AL ACEITE DE RICINO

El hombre histórico es un hombre moderado,
construido; el biológico es el origen, lo primero.
-Marco Ferreri-

Me apresuré en emitir un vómito,
¡hélas!
Oh gratuidad de la materialización de una náusea
dadas las circunstancias políticas
no es conveniente ni oportuno.
Esperanza, compañero, confianza,
¡abajo los escepticismos personalistas,
retrógrados e insolidarios!
Vómitos del mundo, uníos
UNO A UNO
y ahogad en bilis pura
a los constructores de futuros.

Que no sean también vuestros jugos gástricos,
alimento para sus calculadas estrategias.

LA MÚSICA EN OTRA PARTE

Al piano
se le han puesto los pelos de punta:
le ha puesto la mano encima

un pianista con carnet.

CUARTETO ELEMENTAL

UNO

En su ley de ecuaciones,
no consuela que solicite la combustión
determinados grados de temperatura
ni que dieciséis sea el peso atómico del oxígeno
ni que lluvia sea la reacción entre dos gases
ni que sean, salvo el mercurio
que sangra planetas de metal, sólidos todos los mi-
nerales
si el quinto elemento se halla, por decreto,
fuera de la ley.

DOS

El aire
transcurre y flota y sacia al fuego,
el fuego
transcurre y flota y sacia al agua,
el agua
transcurre y flota y sacia a la tierra,
la tierra
transcurre y flota en el vacío

de las sepulturas.

LAS REGLAS DEL JUEGO

No es jugador
quien impone reglas al juego,

es un impostor.

LA TERNURA TIEMBLA EN SU LATA DE SARDINAS

La ternura tiembla en su lata de sardinas,
agazapada como cualquier onceavo dedo,
nostalgia de tacto precarnal.

Profanaré -con voluntad de autorresurrección-
el sepultado altar de avergonzados perfumes
para un reencuentro con la carne viva
de esa (no sé por qué) rechazada
Flor.

TRES PIES NO HACEN UNA YARDA

PRIMER PIE

Todo parece indicar que los pájaros,
en la ortodoxia de las aceras,
se tornan peatones.

SEGUNDO PIE

Peatón apeado.

TERCER PIE

El andar no hace camino;
cava la fosa.

UNA YARDA

La distancia más corta entre dos puntos
es la Música.

DR. HYDE Y MR. JEKYLL

> *Yo soy dos y estoy en cada uno*
> *De los dos por completo.*
>
> -San Agustín-

Suelta a la bestia
y métete en la jaula por dudarlo,
cretino.

CAN DE CANÍBAL

Perro te digo perro,
no muerdas, suéltame
un diente
uno nada más
que uno, perro
angular de la Esfera.

EL AVE FÉNIX SE MUERDE LA COLA

Nacen
dentro de los sepulcros,
bandadas de pájaros ausentes,
fríos habitantes del latido de madera
después de la Música,
mensajeros póstumos de la ceniza,
plumas de polvo,
nidos con nombre, apellidos, dos fechas
y una corona de olvidos, circular:
estelas perfectas de pájaros
en trayectoria esférica hacia el trayecto.

HUEVO O ZIGOTO

Finalmente el principio
del final que empieza
o
la gallina
fue antes que el huevo que puso
fin al principio de la gallina que lo puso.

GÉNESIS

Hízose
de sol a sol,
a su propia imagen y semejanza
a base de observarse en la sangre que manchaba
las siete lunas que rompió
en su ceguera.

CARROÑA EN DINAMARCA

No cabe la duda:
o se está, o no se está con ella...
decídete, príncipe,
y besa la carcajada póstuma
de Yorick.

VERSIÓN PARA EL EXTRANJERO DE AMA ROSA

Te veo venir, dios del crepúsculo,
como si yo mismo te hubiera parido.
Sonríe al menos y di *cheeeeese*,
bañado en sangre, devorador amoroso
de tus propios hijos.
Que no evidencie la fotografía familiar
tu irreprochable vulgaridad
aunque ya es tarde para disimulos,
tarde ya, infecto, para dejar de amarte.
A-mor
M-uerte
A
R
T
E. Inútiles todas tus estrategias,
te quiero tan puta, tan cadáver, tan irreversible
tan de cualquier manera.
Eres
como si yo mismo te hubiera parido,
Saturno, hijo.

LA ESSE SSILBADA

Puess,
que tú dices, monsstruo de la naturaleza,
criatura del averno, cielito.
Ay,
por qué cuentass essass cossass,
oh dioso,
oh divino, oh celesste flor de vinilo,
rumiante de mosscass,
esstalactita imperial.
¡CALLA!
¡Cá-lla-te, loca, amoeba orgánica...
s-s-s-s-s-s assessino!
Me aturdess.

D'ARTAGNAN TARDA EN SER MOSQUETERO

Hay tardes, a veces (y uno no sabe bien
si es el calor tras la ventana,
la luz de los ladrillos del paisaje que la ocupa
o, tal vez, ese mal regusto de sueño
que se adhiere a la lengua
después de intentar el reposo de una siesta
fracasada), que tardan algo más de lo prudente.
Y todo, hasta el ruido de los automóviles,
permanece inmóvil como una música
de esqueletos detenidos perpetuando la gran carcajada.
Sí, hay algunas tardes que se hacen eternas en exceso
y ellos, los seres que persiguen metas y otras muertes,
me proclaman anatema (o anameta si se quiere)
por no tener más meta (o tema tanto monta)
que ser.

Sí, hay tardes que tardan
algo más de lo prudente en dejarme
Ser.

EL SITIO DE AZARAGOZA

No resulta del todo fácil,
no.
Es más, yo diría que es casi imposible
la posibilidad de justificar de forma racional
(rechazada la irracionalidad como forma
lógica que se justifique a sí misma
al autoinvalidarse negando por supuesto
cualquier método de análisis racional
que la justifique) la sinrazón del desorden
constituido como un sistema ordenado de conceptos,
inconceptos
o aconceptos que el azar
dispone al azar
y no al zar
como parece bien claro.

PROPUESTA

El arte es siempre un contratiempo, se
verifica siempre contra el tiempo. Y en
eso consiste su aparente y relativa
inmortalidad.

-José Bergamín-

Propongo la torre de marfil
como agresión
y el encierro en lo desconocido
de uno mismo como llave
que abre la puerta a la clave
del encierro
en la torre.

ENHORABUENA

Me congratulo,
sin ánimo de ofender a nadie,
por mi -por supuesto inadmisible- facilidad
de congratularme
frente a mi propio cadáver.

DIOS SE LO PAGUE

Ha sido
un combate a vida,
un cuerpo a cuerpo
contra la vida misma.

Desde este cadáver de palabras,
a mi efímera vencedora
suplico
el derecho a ausentarme
durante alguna eternidad
de la mortaja
que son sus latidos.

Dios se lo pague.

O SEA, EN OTRAS PALABRAS

Digámoslo de otro modo:
no se advierte ninguna modificación notoria
al anterior modo.

DEDUCCIÓN

Tal vez sea el pétalo seco de la sangre,
la cinta deshidratada del aire,
este sediento nudo.

INSTANCIA

Si no es mucho trastorno, ruego
con cierta desesperación,
ser atendido esta noche.
No cabe la alarma, no. No es grave.
Es, como ya he dicho,
una cierta desesperación.
Pudiera ser que una mano,
una mano anónima, durante cinco
o seis segundos sobre la mía
me calmara.

Esta noche, por primera vez,
me siento inatendidamente
cansado.

RECOJO CON ALGÚN ESCALOFRÍO

Recojo, con algún escalofrío,
la memoria del humo que dejamos
y apenas estos cinco versos
sobreviven...

También algunas fotografías.

CANCIÓN DE GESTA

Es posible que la degradación,
la ausencia del más mínimo respeto
hacia uno mismo, conduzca fatalmente a la heroicidad.

¿Qué atributo sino el de heróico
se puede aplicar a quien, de forma
sistemática, sacrifica
su mejor locura,
su latido más apasionado
al caprichoso suplicio
que, no sé qué genocida anónimo,
qué despiadada divinidad
nombró amor?

EL INSTANTE INFINITO

Estuvo por aquí sin darse cuenta.
No supo del estigma
que su fugaz presencia perpetró
en lo más hondo del espíritu,
aquí donde se presiente el temor a la consumación total,
en ese compromiso subterráneo de la música
cuando el amor adquiere
la transparencia de la muerte.

UNA CANCIÓN DESESPERADA

La mañana,
negra aún con las estrellas de la noche,
vomita el frío de un enero que golpea
corazones y cólicos.
Ella,
apenas un latido bajo el edredón,
intenta dormir, consumida,
por encima de la Noche.
Yo,
me cago en todos mis muertos,
no encuentro el Nolotil.

Y no amanece.

CONFERENCIA SIN TÍTULO

No sabría decirte nada,
no sabría o sí
sabría
decirte:

nada.

Y SENTIRTE, AÚN

Disecada abeja de mercurio,
cuerpo de cobre
junto a la cremallera de a diario,
vientre de fría plata
como la música en silencio,
todavía remota
la posibilidad resurrectora del metal
y sentirte,
aún,
incandescente carne de latidos.

HASTA QUE LA MUERTE NOS SEPARE

Fuego de diástoles, oxígeno en vuelo,
pozos infinitos hacia la luz...
sudan los poros de la noche,
lenguas lamen, fundidas,
labios de espuma y fiebre derramada.
Luego vendrá la opacidad
y el féretro del día.

Huele a bocas de sepulcro
y a muslos estranguladores.

LA RAZÓN DEL TRÁNSITO

El desdén del laberinto es lo peor,
no las equívocas encrucijadas que buscan la salida.
No es el peso que soporta Sísifo sobre su deseo
lo que es peor,
es la infinita aconsciencia
de la roca que cumple, a ciencia cierta,
con las leyes naturales que el obstinado escalador,
con razón, intenta subvertir.

LEY DE VIDA

Es curioso
ver cómo los acontecimientos
se precipitan
entre sí,
desde sí,
contra sí,
sobre un precipicio donde no acontece
nada más que la caída
ingrávida

hacia sí.

VARIACIÓN SOBRE UNA MISMA FÓRMULA

Cuanto más cerca los tenemos, cuando más se revelan a sí mismos, más oscuros se tornan, en lugar de hacerse más claros. En otras palabras, más que personajes son personas: "Lo más perfecto de la naturaleza" (Santo Tomás), pero también lo más inefable, si es cierto que en ellas se concentra, en su más puro estado, el entero ser del universo. Es por eso que, en sus más extremas confidencias, no revelan fundamentalmente nada, salvo su misterio, como Dios mismo.

-Amedée Ayfre, acerca del carácter de las *personae* que habitan los filmes de Robert Bresson-

Como adivina el invidente
la forma
a través del tacto,
adivinar
el Espíritu
a través de la Música.

LA LUZ QUE NO FUE

Verdades o mentiras
son pájaros que emigran cuando los ojos
mueren

-Luis Cernuda-

La perenne fantasmagoría del festín
detrás del horizonte del deseo,
allí, en el ojo inmenso donde la luz estalla,
tan distante como propenso es al pálpito
su necesario ahora.
Allí permanece,
ahora allí,
la luz del festín que se aleja sin disculparse.
Después aquí
es el espectro oculto tras el horizonte
que queda atrás,
alejándose del deseo,
insultante.

LA AVENTURA INTACTA

Y prescindir de la Pregunta
como prescinde la Música de la luz
que la responde,
del color
que la responde,
de la carne y del Azar,
del Universo y de la memoria que la responden

al poseerla.

TRAVELLING

Van hacia el dolor inevitable,
los pétalos que la ternura perfumó.
También hacia el dolor
se convocan los planetas que estallaron
ante los deseos imposibles,
las urgencias sistemáticas que solicitaban
ser atendidas con la ingenuidad del abrazo.
Hacia el dolor,
el primer beso-padre-me confieso...
la rebeldía sin causa, Blue Suede Shoes y el Machado
de las dos Españas,
la memoria recuperada con ira,
los años de pureza insobornable,
el fervor de la lucidez positivista,
el heroismo patético de la clandestinidad,
la lucha permanente, Camus contra Sartre
y Poeta en Nueva York
contra el Poeta en la Calle,
A Bout de Souffle y Buñuel excomulgado,
Yesterday y Dylan en la protesta,
Flower children, Warhol-Pop y Reich-Azul,
Mao, Mayo del Sesenta y Ocho,
Che,
Chocolate y humo y Laing
en el Nudo.
Dicen que Elvis colaboraba con el FBI.

Y Groucho ha muerto.

EL HÉROE ABSOLUTO

Nunca admitiré tu parca sonrisa.
Mi decisión es firme, rotunda,
irreversible.
Y por defenderla, me comprometo
a pagar con la vida si es preciso.
No.
Nunca admitiré tu sonrisa,
Parca.

HETE AQUÍ QUE

Brice Parain dice en "Vivre Sa Vie"
que el error es necesario para el descu-
brimiento de la verdad.

-Jean-Luc Godard-

Con cierta regularidad pienso
que el error
está de mi parte.
Si así fuera (y no creo
equivocarme puesto que nada hay
que me demuestre lo contrario),
es muy probable que esté
en lo cierto.

LUGAR COMÚN

Es de presumir que llevo interpretada
la mitad de la comedia
y, aun en contra de mi voluntad, hago balance:
el terror que me sostiene
es tal, que el resultado del cómputo
se hace inequívoco.
Reconozco mi cobardía
al apoyarme, esta noche, en el dócil recurso
de la escritura. No encuentro otro
mecanismo y, desde hace algún tiempo,
sólo el contacto con la temperatura
de las palabras me protege de la agresividad
glacial que la memoria utiliza
para reprocharme los temores que han tejido
mi biografía.
Es de presumir que la comedia
transite hacia el desenlace
porque el nudo ya se ha planteado en el lugar
común de estos versos.
Esta madrugada empiezo a sentir en el vientre
como un terror estereotipado,

un cierto encoñamiento con la muerte.

AS TIME GOES BY

No salgas, que te aguarda algún tirano;
dilata tu nacer para tu vida,
que anticipas tu ser para tu muerte.
                                    -Luis de Góngora-

Han pasado los años (bastantes
menos de los esperados) y, como es obvio,
ha sido más,
mucho más, infinitamente más el tiempo
pasado que el por venir.

Es pura matemática.

SIN-TESIS

La poesía debe tener por objeto
la verdad práctica.
-Isidore Ducasse-

Presiento dos opciones,
(no quedan más que dos, estimo
menos de dos porque son dos
que son una que es ninguna
como se podrá ver): la verdad
práctica podría tener por objeto
la poesía, una.
La otra,
que se acabe simplemente
la literatura.

PALABRAS CONTRA LAS PALABRAS

Ninguna. No dijo nada. Odiaba las palabras. Decía
que no servían para nada, sólo para que dos personas
se confundieran mejor y no llegaran a entenderse nun-
ca.
-Lauren Bacall contestando a la pregunta hecha por un
periodista: "Cuáles fueron las últimas palabras de Bo-
gey?"-
El animal hablador tendrá que haber sido reducido al
mutismo, pues nunca se acercará a las fuentes inviola-
das de la vida si sigue pateando con las palabras.
-Emil Cioran-

La palabra nombra,
separa, discrimina, parcela
el canto único y universal
de lo indivisible.
La palabra,
raíz,
patria sonora de fronteras
silenciosas como la muerte,
inefable testimonio de invasiones y homicidas,
isla
rodeada por océanos de sangre.
La palabra nombra,
mide, fija, mata,
en nombre del nombre,
la dinámica innombrable del transcurso.
La palabra nombra,
limita, cerca,

incomunica,
(la voz fue encarcelada en el vocablo).
La palabra
engendra una cultura
exige una bandera,
construye una nación,
declara una contienda.
La palabra nombra,
miente, soslaya, falsea
cuando llama razón
al discurso esquizoide de los Hechos
y locura a la pasión
que se enfrenta a la razón de la Historia.
La palabra,
pisada en falso,
trampa sobre la trampa, camisa de fuerza, policía,
Documento
Nacional
de Identidad, pretexta un ejército.
Debiera enmudecer para siempre
jamás
tal vez la palabra,
empezando por ésta que nombro.

TEMPLO DE CARNE

(1986)

Introducción de Fernando Savater

La perdición de la carne

Somos la herida. La llaga que no cesa, el gotear rojizo, rijoso, por la grieta abierta en la piel rajada. Y la convulsión que nos pasma es lo que guardamos del ángel perdido al caer en el cuerpo.

Cierto día la pregunta fue: ¿tienen los ángeles sexo? Y, en caso afirmativo, ¿cuál es? A estas inquisiciones teológico-académicas, todas las respuestas resultan ociosas. Pero lo que queríamos en el fondo preguntar era: ¿tiene el sexo ángeles? ¿Cuáles son y quiénes son los ángeles del sexo? ¿Cómo se las arreglan estos ciudadanos de la eternidad para enmascarar sus desbordamientos finitos? ¿Perecen por culpa de sus arrebatos o los utilizan para inmortalizarse un poco mejor, para salpimentar con estremecimientos perecederos su incorruptible unión?

El ángel no ha perdido la carne, sino que se pierde en la carne. Y también se pierde por la carne: como suele decirse, se *perece* por ella. Antes de tener carne —o sea, de ganarse un cuerpo para perderse en él— el ángel tampoco tenía alma. Pero luego es la carne la que se vuelve alma y con su alma le llega al ángel un delicioso tormento. Porque calzar alma es ponerse corona de espinas y cada espina carnicera busca la carne de la que alimentar su fiebre, besando a destajo.

La carne, nuestra carne, conserva su ángel: tener ángel es tener la fortuna de la carne, la suerte sanguinaria y carnicera de multiplicar dulces estertores. Si la carne pierde su ángel, muere (es decir, se limita a funcionar, indiferente, o a pararse sin dramatismo); si la carne guarda su ángel, sufre y, por tanto, vive, vive, vive, hasta la última de sus gotas de azufre por las que en vida ha de condenarse, viva la carne en carne viva.

Labios buscan llagas, sudan poros, ojos penan en sus órbitas desalmadas, descarnadas. El ángel trabaja y macera la carne. En éxtasis comulgan dedos virginales con el cráter abierto por algún clavo atormentador en el dorso de la mano cuyo empeño no ceja. Silencio: ángeles trabajando. Por debajo del portón bautismal que esculpió Ghiberti, ruedan lágrimas y se pierde la sangre por la que viaja el alma.

Luis Eduardo Aute pinta la carne y el alma de los ángeles que le frecuentan. No inquiere en su sexo, no incurre en el vicio teológico. Permanece libre, curioso, doliente, fiel.

Fernando Savater

No hay más que un templo
en el universo
y ése es el cuerpo humano
nada hay más sagrado
que esa forma elevada.
                    -Novalis-

EL VERBO SE HIZO CARNE

> Disuelto en tus entrañas
> de líquidos secretos,
> desentrañada el Nudo
> de Dios y su Misterio.
>   De la canción *El Universo*

El Verbo se hizo carne
tuya
y carne
mía

y conjugó entre nosotros.

NO LA BOCA SINO EL BESO

No la boca sino el beso
fue el crimen, transgresión
humana de lo Perfecto,
boca que por el beso
se traiciona contra Dios
para besarse en su espejo.
Ensimismado,
el Verbo Infinito reflexiona,
se observa
desde el féretro.
La palabra
se nombra paradoja.
Labios contra labios,
rocío tierno, húmeda flor
del reflejo suicida
quebrantando la ley por el deseo.
Lenguas contra lenguas, hambres
cruzadas convocan
en lid lenguajes
inversos.
Boca que por el beso
abrió la puerta Nunca
del Arbol del Conocimiento,
beso que se besa,
sed de ser sed,
origen y fin del círculo
eterno:
iris, planeta, pupila del Extasis,

anillo del agua, la cifra cero,
pompa, torbellino, espectro del arco
iris, seno y óvulo y órbita
del centro, latido,
latido contra sí mismo,
Corazón circular del universo.
Esfera del Azar, fe de Armonía;
engendra la fe del Azar
el fuego.
Voluntad de luz, voluntad de sombra,
Voluntad de beso entre infierno y cielo
beso inmortal
que asesina su muerte.
Alma del amor
contra amor del cuerpo.

Siguen los años pasando, impasibles.
Por ahí asoma
el final del Trayecto, cerca,
tan cerca que anuncia los labios
que habrán de sellar el último
beso.

Bésame, bésame
Y dame tu nombre:
Yo, Tú, Él,
las tres personas del Verbo.

ÁNGELUS

Desciendan de la Gloria
legiones de arcángeles armados
de cólera divina fieramente resueltos
a expulsarnos del Paraíso.
Traspasen sus espadas de fuego
nuestra sed de Conocimiento,
fruto creado para la profanación
del mandato de quien los envía.
Desaten sus iras, alados ejércitos
sin sexo ni cerebro, cobardes
hermanos de quien osó,
Luzbel,
imitando al Creador ser
humano.
Ataquen inmaculadamente atacados
por la envidia de no estar hechos
a imagen y semejanza del Amo...
como tú,
hembra dulce de víboras manzanas,
como yo,
tu fiel esclavo.
Que si por castigo, compañera
de pecado, debo amarte
con sangre y con dolor,
hágase su Voluntad
que aquí en la tierra como en el cielo,
de nuevo profanaremos
el arcano de nuestra culpa carnívora

sacralizando la humana pasión
en las cloacas más infectas
del destierro.

EL SAGRADO PERFUME

Podría
incluso prescindir del intenso milagro
que supone descifrar
el Sagrado Perfume de los planetas...

pero nunca, nunca jamás,
del incienso que tu cuerpo despide
al cabo de la carne
comulgada.

IRREVERSIBLEMENTE

Irreversiblemente me elige
la caída
cada vez que intento, junto a ti,
resucitar.
Remuevo mi alma, impulso latidos,
persigo a ciegas la alta luz
que un día, ¿cuándo fue?,
diseminó
sobre nuestras almas su hálito
Divino.
Pero son en vano mis aspavientos,
amadísimo cuerpo del alma...
caigo siempre, irreversiblemente,
como un cometa caigo
a las cenizas dispersas
de tu anatomía,
a los mismísimos restos
de aquel infierno, ya extinguido,
que también una noche,
¿cuándo fue?,
logró fundir nuestros cuerpos
transfigurados.

PUMPUM, PUMPUN

Que el corazón es insensible
juran,
aseguran que ni siente ni padece
ni es otra cosa que una víscera,
bomba,
motor de no sé cuántos protoplasmas, plasmas...
blando reloj, encrucijada de venas y arterias,
metrónomo
de sístoles y diástoles, pumpum
pumpum, mitrales, aortas, pumpum, pumpum,
infartos, arritmias, pumpum, pumpum, anginas,
amagos, pumpum, pumpum, pumpum...
soplos, insuficiencias, taquicardias
y coronarias...
Aurículas, ventrículos, etcétera, etcétera,
etcétera, etc...
Sí, parece que sí que no padece, sí,
parece que sí que no, que sí que no,
que sí que no, pero,
¡coño!,
dónde me duele tanto, dónde mata,
en qué célula o molécula del demonio
siento toda esta asfixia,
este dolor, pumpum, pumpum, pumpum,
que me golpea, pumpum, pumpum, pumpum,
que me traspasa, pumpum, pumpum, pumpum,
que me crucifica, pumpum, pumpum, pumpum
cuando TÚ me dejas,
corazón.

POR DONDE LEVITAS

Por donde levitas
sigo la nube que levantan tus pies
intento atraparla, salto, la toco
y me clava su rayo mortal
y caigo a la tierra, al barro primero
que espera el milagro,
impaciente...
el soplo divino,
tu aliento al decirme
"Levántate
y anda,
levitemos juntos".

NO SOY DIGNO

No soy digno, mujer,
no soy digno
de entrar en tu morada.
No debe ser el Paraíso
cueva para el ladrón
encarcelado.
No soy digno, mujer,
no soy digno
de entrar en tu morada
aunque las catedrales
estén llenas de polvo, cenizas
y nada.
No soy digno, mujer,
no soy digno
de entrar en tu morada
porque, como los tiranos,
no querré salir nunca
de ella.
No soy digno, mujer,
no soy digno
de entrar en tu morada.
Es vientre la mar para el pirata
no para el viento que besa
su bandera.
No soy digno, mujer,
no soy digno
de entrar en tu morada.
Lo haría, únicamente,

si me lo pides
indignada.
No soy digno, mujer,
no soy digno
de entrar en tu morada
si me amas, como yo te amo,
sobre todas las cosas.

ALELUYA N.o 5

Llévame contigo a la cumbre más alta
para tentarme con mil ciudades
de oro y carne que pondré a tus pies.
Aparta de mí tus labios,
son puñales sus palabras traidoras,
acércame todos sus besos
que me matan dulcemente en el silencio.
Condéname por los siglos de los siglos
a vivir clavado a tu cuerpo apasionado,
así podrán nuestras almas
redimirse de la condena eterna.
Flagélame si merezco penitencia,
somos la herida...
Mis llagas serán los surcos
que encauzarán tus iras.
Ponme, si es nobleza lo que obliga,
la corona de espinas,
la sangre que mane de mis sueños
purificara tus pensamientos.
Enjúgame el sudor y las lágrimas
con tu mirada,
que quede eternamente en tus pupilas
grabado el rostro de quien más te amó.
Si no supone una cruz sobre tus hombros,
ayúdame a soportar este ingrávido peso
que me aferra al centro de tu gravedad.
Expóliame, si el deseo te lo exige,
desnúdame ante ti,

te ofreceré mi cuerpo en sacrificio
de amor y muerte.
Crucifícame, si no te tiembla el pulso,
crucifícame, pero hazlo con los clavos
de tus ojos, con los golpes
de tu corazón.
Recógeme en tu regazo cuando caiga,
te lo suplico,
junto a tu vientre consumado, mi bien amada,
te encomendaré mi espíritu.
Aleluya.

ÉXTASIS DE ÁNGELES CAÍDOS

Acudo
a tu templo de carne
como quien va a misa
dispuesto a oficiar
la ceremonia de la consagración.
Y me acerco
a tu altar de transubstanciaciones,
divino alimento humano
donde bebo tu sangre,
cual vampiro,
donde como tu cuerpo,
cual gusano,
practicando, en un éxtasis de ángeles
caídos,
la comunión original.

TU SUEÑO ETERNO

Son infinitos los celos
que me despierta la calma que te penetra
y posee cuando yaces
dormida...
Tus labios veniales,
tus ojos mortales,
tu cuerpo desnudo, entero,
entregado a su merced.
En ese momento,
abatido,
cuando la belleza de la muerte
mana de tu anatomía,
cada poro de tu piel, cada estigma,
me revela todos mis miembros,
uno a uno,
y me invita a traspasarte, como traspasa
la luz el cristal purísimo,
sin romperlo ni mancharlo,
para que nunca despiertes
y así ser
tu sueño eterno.

LÁGRIMA DE SANGRE

Tal vez el disparo
de mi saliva sobre tus párpados
te hiriera
como una espina.
Sólo pretendí, Madona de las Tinieblas,
el milagro de la luz
en tus pupilas,
que tu mirada viera
cómo la mía miraba
la tuya, tan ajena...

Lágrima de sangre
cuánto lamento verte
esa lágrima de sangre.

DESCENDIMIENTO

Arráncame la corona de espinas
que por ti padezco
y lávame con tus lágrimas la herida
que por ti sangra en mi costado.
Consúmame el dolor
hasta la muerte y abandóname
en tus brazos, por piedad.
Luego, al enterrarme, hazlo
en lo más profundo de tu vientre,
allí donde resucitar sea un delito
castigado con la pena
capital.

IDIOSINCRASIA NACIONAL

Dios te bendiga si Dios quiere,
con la ayuda de Dios.
A Dios rogando y con el mazo dando adiós.
Vaya por Dios, Dios mío, la de Dios
es Cristo como hay Dios.
Dios mediante, si Dios no lo remedia,
los sindiós con Dios,
como Dios manda.
Aquí no se mueve ni Dios, castigo de Dios
(Dios así lo dispone).
Por Dios, por Dios,
los que Dios mande, Dios proveerá.
Dios aprieta pero no ahoga a la buena de Dios
La madre de Dios en las manos de Dios,
como Dios
por esos mundos de Dios.
¡Dios santo
Dios no lo permita!
Dios te bendiga, pordiosero.

TENGO SED

"Tengo sed",
me oíste decir
con el aliento apenas.
Y me arrullaste, como a un recién nacido
contra tus pechos ávidos
de labios míos.
Me diste de beber,
y luego de saciarme,
te repetí
"tengo sed",
sin aliento apenas.
Me arrullaste, esta vez,
entre tus muslos
y de nuevo, me diste de beber.

En la fuente de la vida
y de la muerte, te sellé,
con un beso,
mi
último suspiro.

TRANSFIGURACIONES*

Subo al Verbo
partido por tres,
tres tiempos que me dividen
en pasado, futuro y
hoy
o
yoh teh amoh
y
bajo a tu sustantivo:
Amor, multiplicado
por tres.
Transfigúrate en tres que seis son
Primer parto:
Lo Uno se rompió
y Di vino a ser.
Aquí empieza el Verso.
Desde entonces
el Universo es Di verso.
Segunda parte:
non, impar, transgresor
de sí mismo.
Persigue el hombre
la Unidad
en su ecuación imposible.
Transfigúrate en tres que seis son
Muda la cara
Y quieto el paisaje
en el amor,

conocer por qué tú
no eres yo.
Yo quien sin ti no soy.
Celeste pasión del verbo único
así en el cielo como en el infierno,
amor cambiamos, amor.

---

*Cadáver exquisito transfigurado por Pau Riba/Ricardo Solfa/L. E. Aute

CADA VEZ QUE ME AMAS

Tu sed transubstancia mi sudor
en vino que bebemos en cada beso.
Tus pies no se hunden
en los lagos de mis lágrimas.
Tu saliva siembra la luz
en la noche de mis ojos.
Tu voz resucita mis músculos dormidos,
mis latidos sepultados.
Tus manos, cuando me tocan, curan
mis heridas más invisibles.
Tu hambre fecunda peces
que se multiplican como deseos de humedad
en el múltiple pan de mi cuerpo.
Cada vez que me amas,
es un milagro.

PERDERME, AL FIN

Perderme, perderme,
perderme en tu templo,
sacro cuerpo,
para hallarme en él

al fin.

TRECE POEMIGAS INÉDITOS DEL LIBRO
"EL SEXtO ANIMAL"

EL DEMONIO DE LA GUARDIA

¡Ni vanguardias ni retaguardias!

Habrá que guardarse y resguardarse

de tánto guardián

en guardia.

NOBLEZA OMBLIGA

Si Dios tuviera cuerpo humano,

con toda certeza no tendría

ombligo.

EL POEMA MÁS GRANDE ES EL UNIVERSO

1. Un verso único
   creó el Universo:
    "en el Principio fue
   el Verso"

2. El Universo
   es el Gran Orgasmo de Dios
   haciendo el Amor consigo mismo
   a tres bandas.

3. El Universo
   es un Poema infinito y eterno
   endemoniadamente
   Divino.

4. Allí donde no existe la Poesía
   sólo existe

la Nada.

5. Allí donde muere

la investigación científica

nace

la imaginación poética

de la Cons-Ciencia.

EL UNIVERSO ES YO

Los seres humanos

son la Transubstanciación vital e individual

del YO del Universo.

COSMOCARDIOGRAMA

El corazón del Universo

deja de latir,

no cuando se apaga la vida

sino cuando se apaga

el deseo de amar

y ser amado.

UNA CUESTIÓN DE CONCEPTO

Tan imposible es concebir el Universo

sin haber nacido

como concebir a Dios

sin haber muerto.

LEY DE INGRAVEDAD

El centro de gravedad reside,

paradójicamente,

en la ingravidez

absoluta.

POTENTE IMPOTENCIA

Pobres ricos poderosos...

tan esclavos

de su Poder.

CALENDARYO

Ayer y mañana

son hoy

cuando me observo en el espejo

y mi reflejo reflexiona

aseverándome:

"yo soy el Tiempo

que no me queda,

ni queda"

SINopsis

¡Y por qué no imaginarse

un pueblo SIN nación

y un Dios SIN religión...

ni SINo?

REFLEXIÓN JUNTO A LA TUMBA DE GOYA
EN LA ERMITA DE SAN ANTONIO DE LA FLORIDA

Tanto los unos como los otros

pusieron precio a la cabeza

de Goya.

Tal vez por eso

lo decapitaron.

SIN SOLUCIÓN

En tiempos de penuria

se manifiesta lo mejor y lo peor

del ser humano.

En tiempos de opulencia

sólo se manifiesta

su estupidez.

MANIFIESTOS

En tiempos de penuria

se manifiesta lo mejor y lo peor

del ser humano.

En tiempos de opulencia,

sólo se manifiesta

su estupidez.

BREVIARIO DE CITAS

La lectura repetida de las siguientes jaculatorias proporciona indulgencias absolutamente plenarias:

> *Lo más importante en mi vida son las mujeres, Dios y la muerte.*
>> Leonard Cohen

> *Con qué alborozo nos acogimos, abrazándonos con una alegría de resurrección de los muertos.*
>> Luis Buñuel

> *...tendríamos el nuevo sistema poético, es decir: la más segura marcha hacia la religiosidad de un cuerpo que se restituye y se abandona a su misterio.*
>> José Lezama Lima

> *Tú, templo irrenunciable entre pasiones y renuncias.*
>> Vicente Gallego

Así, como síntesis de infancia, religión, sexo, amor y muer-
te se me presentaba el arte accidental, último tramo de la
investigación sobre el contenido de la felicidad.

Félix de Azúa

Creo que Dios, un Dios diferente, está dentro de mí cuando
hago algo importante, cuando creo o cuando sirvo de vehícu-
lo en el escenario o el plateau, para comunicar con los de-
más. Y como es mi amigo, le tuteo.

David Bowie

La ambigüedad del erotismo sagrado tiene dos consecuen-
cias muy serias en el arte de Zubarán. La primera es que
estas cortesanas celestiales pueden, con facilidad, presentar-
se no sólo como ejemplos de salvación, sino como paradig-
mas de perdición.

Carlos Fuentes

Lo que yo siento por Sophie no es amor,
es religión.

Novalis

ÍNDICE

Prólogo del autor/ 7
Volver al agua/ 8

LA MATEMÁTICA DEL ESPEJO

Prólogo, por J.M. Caballero Bonald/ 11
Una ladilla/ 17
A Edvuard Munch/ 19
Tímidos suicidas en ayunas/ 20
Olvidé guardar la cerilla/ 21
Efemérides/ 22
Tender is the Night/ 23
Un sarcófago lleno de muñones/ 24
Con paciencia y con saliva/ 25
Circunstancias para la celda/ 26
En un bolsillo lleva una mano/ 27
El acuario/ 28
Modo de empleo/ 29
El dolor cumplido/ 30
Crecen los insectos/ 31
Te faltan botones en la camisa/ 32
Una vez más/ 33
La pintura de Antonio Saura/ 34
Cálculo/ 35
Media tarde/ 36
Septiembre/ 37
El ascensor/ 38
O bien sin el menor escrúpulo/ 39

Después de las rupturas/ 40
Residuos/ 41
Las mejillas silenciosas como velas/ 43
De un tiempo a esta parte/ 44
Prohíbe el dudoso pudor/ 45
El terror que producen las uñas/ 46
La matemática del espejo/ 47
Razón/ 48
Como la muerte/ 49
Si pudiera al menos/ 50
La piel deliberada/ 51
Vida de familia/ 52
Todo va bien/ 53
Pálidas campanadas de mediodía/ 54
El bolígrafo/ 55
Poema último/ 56

LITURGIA DEL DESORDEN

Prólogo, por A. Martínez Sarrión/ 59
La imprescindible gratitud del perfume/ 67
Fuego fatuo/ 68
S.O.S/ 69
Holocausto/ 70
Presentimiento contra las luces/ 71
Otros nudos sin principio ni desenlace/ 72
Arte y cultura/ 73
Liturgia del desorden/ 74
Elegía al aceite de ricino/ 75
La música en otra parte/ 76
Cuarteto elemental/ 77
Las reglas del juego/ 78

La ternura tiembla en su lata de sardinas/ 79
Tres pies no hacen una yarda/ 80
Dr Hyde y Mr Jekyll/ 81
Can de caníbal/ 82
El ave fénix se muerde la cola/ 83
Huevo o zigoto/ 84
Génesis/ 85
Carroña en Dinamarca/ 86
Versión para el extranjero de ama rosa/ 87
La esse silbada/ 88
D'Artagnan tarda en ser mosquetero/ 89
El sitio de aZaragoza/ 90
Propuesta/ 91
Enhorabuena/ 92
Dios se lo pague/ 93
O sea, en otras palabras/ 94
Deducción/ 95
Instancia/ 96
Recojo con algún escalofrío/ 97
Canción de gesta/ 98
El instante infinito/ 99
Una canción desesperada/ 100
Conferencia sin título/ 101
Y sentirte, aún/ 102
Hasta que la muerte nos separe/ 103
La razón del tránsito/ 104
Ley de vida/ 105
Variación sobre una misma fórmula/ 106
La luz que no fue/ 107
La aventura intacta/ 108
Travelling/ 109
El héroe absoluto/ 110

Hete aquí que/ 111
Lugar común/ 112
As time goes by/ 113
Sin-tesis/ 114
Palabras contra las palabras/ 115

TEMPLO DE CARNE

La perdición de la carne, por F. Savater/ 119
El verbo se hizo carne/ 123
No la boca sino el beso/ 124
Ángelus/ 126
El sagrado perfume/ 128
Irreversiblemente/ 129
Pumpum, pumpun/ 130
Por donde levitas/ 131
No soy digno/ 132
Aleluya n.° 5/ 134
Éxtasis de ángeles caídos/ 136
Tu sueño eteno/ 137
Lágrima de sangre/ 138
Descendimiento/ 139
iDIOSincracia nacional/ 140
Tengo sed/ 141
Transfiguraciones/ 142
Cada vez que me amas/ 144
Perderme, al fin/ 145

**TRECE POEMIGAS INÉDITOS DEL LIBRO
"EL SEXtO ANIMAL"**

El demonio de la guardia/ 149
Nobleza ombliga/ 150
El poema más grande es el Universo/ 151
El Universo es yo/ 153
Cosmocardiograma/ 154
Una cuestión de concepto/ 155
Ley de ingravidad/ 156
Potente impotencia/ 157
Calendaryo/ 158
SINopsis/ 159
Reflexión junto a la tumba de Goya en la Ermita de San
Antonio de la Florida/ 160
Sin solución/ 161
Manifiestos/ 162

BREVIARIO DE CITAS/ 163